中国画技法
ZHONG GUO HUA JI FA

# 传统工笔花鸟画法

郭鸿春 绘

天津杨柳青画社

郭鸿春，毕业于天津美术学院。中国美术家协会会员、天津美术家协会会员、天津理工大学客座教授。他的花鸟画用笔雄劲，笔墨多变，造型严谨，清新秀丽。

**图书在版编目（CIP）数据**

传统工笔花鸟画法 / 郭鸿春绘．—天津：天津杨柳青画社，2013.3
（中国画技法）
ISBN 978-7-5547-0056-3

Ⅰ．①传… Ⅱ．①郭… Ⅲ．①工笔花鸟画－国画技法 Ⅳ．①J212.27

中国版本图书馆 CIP 数据核字（2013）第 039207 号

天津杨柳青画社 出 版
出版人　刘建超
（天津市河西区佟楼三合里 111 号　邮编：300074）
http：//www.ylqbook.com
北京锋尚制版有限公司制版　北京天成印务有限责任公司印刷
开本：1/8　787mm×1092mm　印张：4　ISBN 978-7-5547-0056-3
2013 年 3 月第 1 版　2013 年 3 月第 1 次印刷
印数：1 － 4 000 册　定价：28 元

市场营销部电话：(022) 28376828　28374517　28376928　28376998　传真：(022) 28376968
编辑部电话：(022)　28379182　邮购部电话：(022)　28350624

**步骤一** 云南山茶品种很多，为中国名花之一，该花为深红色，重瓣，直径12cm，叶片肥厚，花期二、三月。绘画之时先勾白描。用中墨勾山茶花，重墨勾叶片，前树干用中、重墨勾皴，后树干用淡墨勾，鸟用淡墨勾。

**步骤二** 染底色。藤黄加白粉平涂画花，正叶用中墨分染，反叶用淡墨分染，树干用浓淡墨皴擦，鸟头部用重墨点丝，初级飞羽、尾羽用重墨分染，三级飞羽、大复羽用淡墨分染。

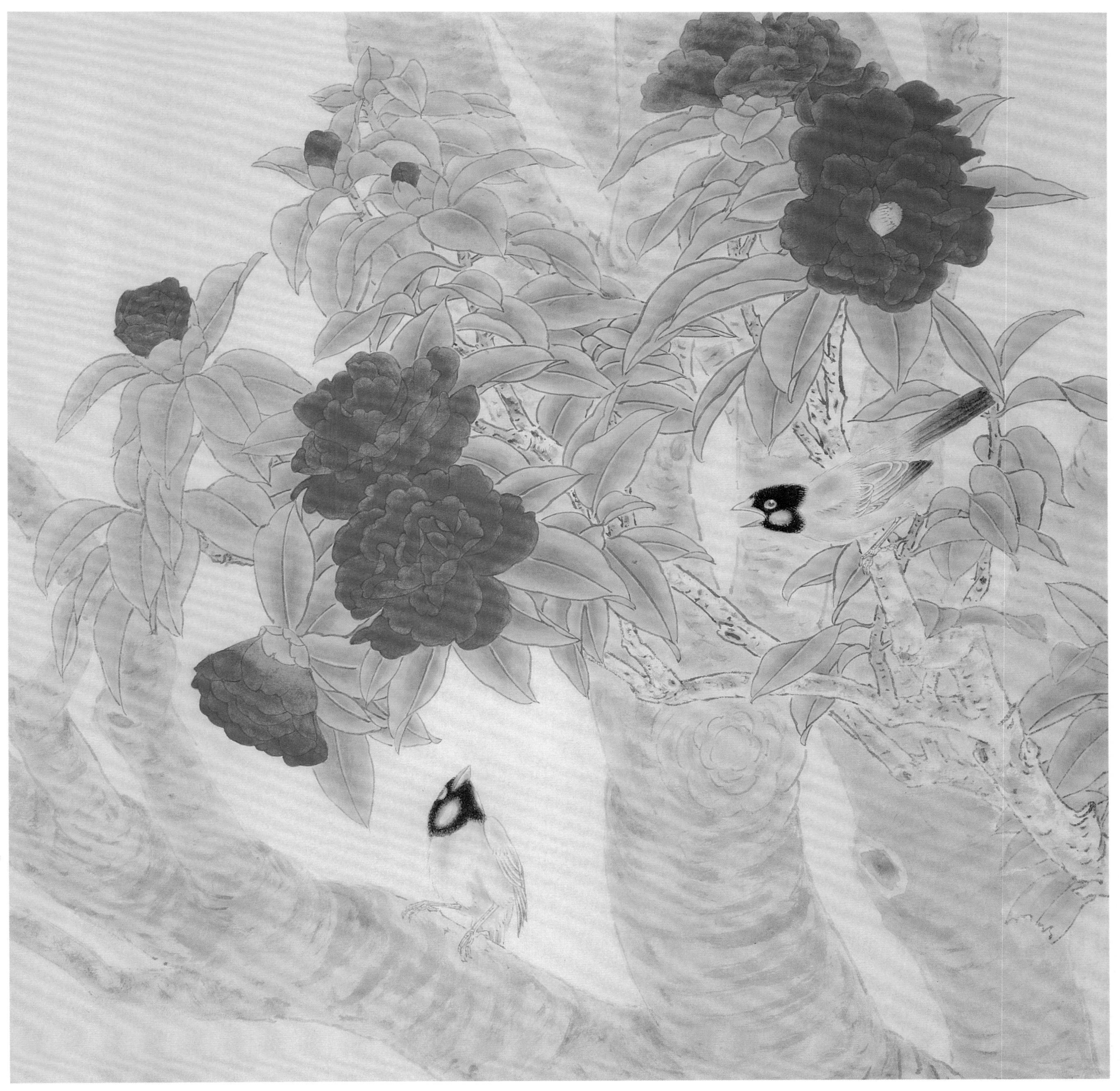

**步骤三** 罩染颜色。花罩染朱砂二至三遍，正叶罩染赭墨，反叶和花苞罩染草绿，粗树干罩染浅赭墨，鸟染淡墨，胸部染赭墨，喙、眼等部位染淡墨，头部的点丝部位染淡墨，尾羽、初级飞羽罩染淡墨。

**步骤四** 分染颜色。花用曙红分染出立体感，花心用草绿分染；正叶分染赭墨，反叶分染三绿，蒂叶分染三绿；树干罩染赭墨，并撞入三绿；鸟背部分染三青，大复羽、三级飞羽罩染三青，脸部提染白粉，两颊染白粉，眼内分染赭墨，喙角染淡墨，腿点重墨斑。

**步骤五** 用白粉丝花心，并点黄色的花粉；正叶主筋用胭脂勾勒，反叶用草绿勾勒；鸟身用花青丝毛，淡墨染鸟爪，用重墨丝鼻毛；用重墨和浅草绿点树斑。题款，钤印，完成。

## 《二乔茉莉》画法步骤

**步骤一** 二乔茉莉是云南的一种草本植物，花开时分三色：白色、浅紫色、深紫色，非常美丽，高有两米至三米，常植于湖畔。绘画时用淡墨勾花，用重墨勾叶子、茎和远处的河坡。

**步骤二** 用赭墨平染河坡，趁湿撞入重墨与清水，倒影用赭墨平涂，趁湿撞入淡墨。

**步骤三** 染底色。用芽绿（藤黄、花青、赭石）和浅紫、深紫分别染花瓣，用淡墨分染正叶与反叶，用淡墨分染花茎。

**步骤四** 花瓣从外往里分染白粉，正叶罩染草绿、反叶罩染黄绿，茎也罩染草绿。

**步骤五** 花继续用芽绿、浅紫、深紫和白色反复分染花瓣，并在花心处点黄色的花蕊；正叶罩染石绿，反叶罩染三绿，并用胭脂勾叶筋，草绿勾反叶边与叶筋；用草绿勾勒花茎。

**步骤六** 整理、题款、钤印，完成。

## 《天女木兰》画法步骤

**步骤一** 天女木兰产于河北省祖山海拔1100米～1200米的高山上，属于活化石植物，每年六月中旬开花，花期大约二十多天，花纯白色，叶子肥大，每朵花犹似天女下凡一般，故名天女木兰花。作画之时先勾白描。用淡墨勾木兰花，用重墨勾叶子，用淡墨勾鸟，用中墨勾树干。

**步骤二** 做底色。用藤黄、曙红、花青、墨调成青灰色，上浅下深，平涂。

**步骤三** 染底色。木兰花用芽绿分染（草绿加赭石），叶子用稍重一些的墨分染，正叶深、反叶浅，鸟用淡墨分染。

**步骤四** 木兰花从边缘向里分染白粉，雄蕊用藤黄染；正叶平染草绿，反叶罩染浅黄绿；树干用浓淡墨皴擦，并罩赭黄；鸟肚皮分染赭墨。

**步骤五** 正叶罩染石绿，并分染石青，反叶罩染三绿；花心点紫色；鸟用三青分染头部、背部、三级飞羽，眼用淡墨染，初级飞羽用淡墨罩染，尾羽罩染白粉，并按部位丝花青、白粉、赭墨。题款、钤印。

**步骤一** 牡丹为灌木，原产陕西，后迁至山东菏泽和河南洛阳。牡丹为中国的国花，被称为百花之王。目前牡丹有九大色系，分别为白、粉红、紫、红、黑、黄、蓝、绿、杂色。因国人皆爱牡丹花，被誉为富贵之象征。先勾白描，用淡墨勾花瓣；用重墨勾叶子；用中墨勾树干，并皴擦出立体感；用淡墨勾蝴蝶。

**步骤二** 做底色。用藤黄、曙红、花青、墨调成赭红色平涂画面。

**步骤三** 染底色。用曙红分染花头，用浅墨分染正反叶，正叶深、反叶浅，并分出层次。

**步骤四** 正叶罩染草绿，反叶罩染黄绿；花头从外向里提染白粉，花心用藤黄和胭脂分染，花心用黄绿罩染；花茎平涂草绿，正叶用墨加赭石，提染残叶；用浓、淡墨分染蝴蝶。

**步骤五** 花头继续提染白粉与曙红，并以染足为止；花心、雄蕊罩染三绿，花用藤黄加白粉点花蕊；正叶平染石绿，反叶染三绿，茎用胭脂和三绿分染出立体感；蝴蝶分染黄色和朱砂；树干平染赭墨。

**步骤六** 最后整理、题款、钤印，完成。

## 作品欣赏

祖山八仙花

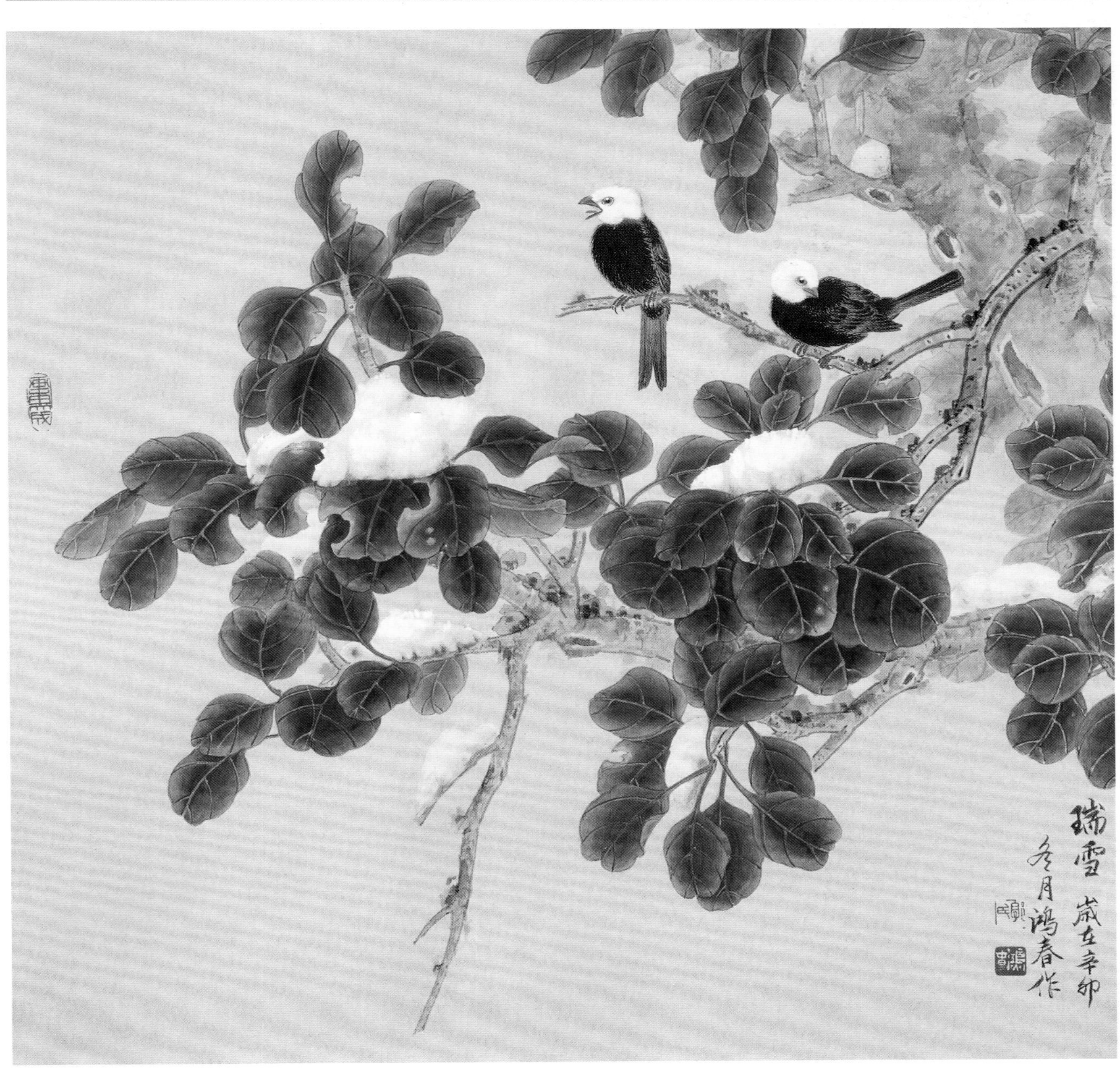

瑞雪

万紫千红

荷塘夜色

富贵和谐

花果双栖

春阴

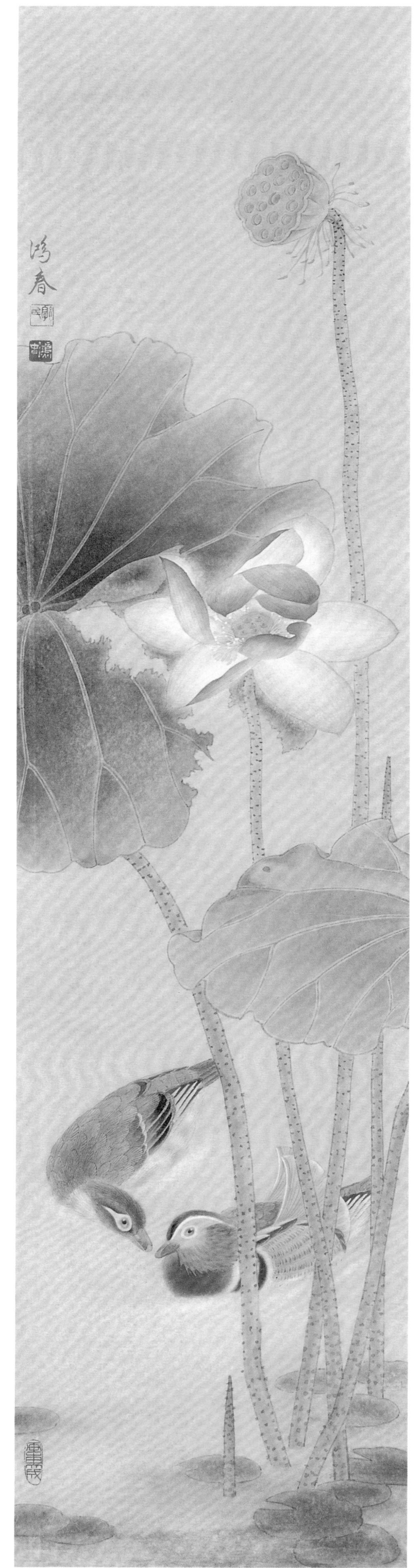

夏至

秋酣

初冬

天姿国色

春色盎然

富贵祯祥

竞飞

雪漫香山